サイパー 国語 読解の特訓シリーズ シリーズ十五

文の書きかえ特訓

・小学中～高学年向き・

もくじ

「文の書きかえ特訓 甲」について ────── 2

問題一 ────── 3

確認テスト一 - - - - - - - - - - - 15

問題二 ────── 17

確認テスト二 - - - - - - - - - - - 23

問題三 ────── 25

確認テスト三 - - - - - - - - - - - 33

問題四 ────── 35

確認テスト四 - - - - - - - - - - - 39

問題五 ────── 41

確認テスト五 - - - - - - - - - - - 47

問題六 ────── 49

確認テスト六 - - - - - - - - - - - 55

M.access　　　　　　　文の書きかえ特訓　甲

「文の書きかえ特訓 甲」について

☆このテキストは、文の構造を正しく理解すること、正しく会話ができること、ひいては読解問題の設問に、正しく答えることができるようにすることを目的として作られています。

現代の子供たちは、文章においてはもちろん、会話においても、尋ねられたことに正確に答えるという訓練ができていません。たいへん少ない語彙で、しかも単語だけで答えるという習慣の子供が、大変多いように思われます。言葉の意味を正確にとらえ、さらに文意を正確にとらえた上で正しい回答をするための練習をする必要があります。

指導のポイント

①、小学校の中学年程度の段階では、正解、不正解を正しく見極めたり、自分が本当に理解したかどうかを正確に区別する事は難しいものです。したがって、丸つけはお母さんなどお家の方がなさってあげてください。

フィードバックは早ければ早い程、学んだ事が良く定着します。また本人のやる気にもつながりますので、丸つけはできるだけ早くなさってください。

②、間違った問題について。

本人が恐らく答えられるだろうと思われる問題については、ヒントを与えて本人に答えさせるようにしてあげて下さい。ほとんど答えに近いヒントであっても、自分で答えを出す事は子どもにとって非常に楽しい事であり、また次の問題を解く意欲につながります。

ヒントは「例」を与えるのが良いでしょう。例えば「・・・なこと」と答えさせたい場合、「『太郎君は花子さんが笑ったので、うれしくなりました』さあ『どんなこと』で太郎君はうれしくなったのかな？」などと、易しい問題を作って答えさせてみましょう。

子供がどうしても理解できないだろうと思われる問題については、無理には解かせないで、また後日改めて取り組ませると良いでしょう。理解のないままに、無理に解かせると、子供は過った理解や過った解き方を覚えてしまいます。

一、例にならって、文を書きかえなさい。(解答は次ページ)

例① 花が 赤い → (赤い 花)

1、雪が 白い → ( )
2、空が 明るい → ( )
3、妹は かわいい → ( )
4、湖が 美しい → ( )
5、海が 青い → ( )
6、野菜が みずみずしい → ( )
7、別れは さびしい → ( )
8、遠足は 楽しかった → ( )
9、勉強が おもしろかった → ( )
10、ねこが 太っている → ( )
11、味が うすい → ( )
12、おまんじゅうが あまい → ( )
13、けがが ひどい → ( )
14、おとうさんは えらい → ( )
15、かばんが 重い → ( )
16、薬が にがい → ( )
17、月が 丸い → ( )

〈例①　解答〉

1、雪が　白い　　　　　　　→　（白い　雪　　　　）
2、空が　明るい　　　　　　→　（明るい　空　　　）
3、妹は　かわいい　　　　　→　（かわいい　妹　　）
4、湖が　美しい　　　　　　→　（美しい　湖　　　）
5、海が　青い　　　　　　　→　（青い　海　　　　）
6、野菜が　みずみずしい　　→　（みずみずしい　野菜）
7、別れは　さびしい　　　　→　（さびしい　別れ　）
8、遠足は　楽しかった　　　→　（楽しかった　遠足）
9、勉強が　おもしろかった→（おもしろかった　勉強）
10、ねこが　太っている　　　→　（太っている　ねこ）
11、味が　うすい　　　　　　→　（うすい　味　　　）
12、おまんじゅうが　あまい→（あまい　おまんじゅう）
13、けがが　ひどい　　　　　→　（ひどい　けが　　）
14、おとうさんは　えらい　→　（えらい　おとうさん）
15、かばんが　重い　　　　　→　（重い　かばん　　）
16、薬が　にがい　　　　　　→　（にがい　薬　　　）
17、月が　丸い　　　　　　　→　（丸い　月　　　　）

例② 桜が きれいだ → (きれいな 桜)

18、きものが はなやかだ → (　　　　　　　　)

19、朝は さわやかだ → (　　　　　　　　)

20、笑顔が 晴れやかだ → (　　　　　　　　)

21、実りが 豊かだ → (　　　　　　　　)

22、答が あいまいだ → (　　　　　　　　)

23、日ざしが あたたかだ → (　　　　　　　　)

24、電車は 安心だ → (　　　　　　　　)

25、考えが いいかげんだ → (　　　　　　　　)

26、やつは いんけんだ → (　　　　　　　　)

27、母は おおらかだ → (　　　　　　　　)

28、川遊びは 危険だ → (　　　　　　　　)

29、祭りが きらびやかだ → (　　　　　　　　)

30、説明が ぐたいてきだ → (　　　　　　　　)

31、花よめは しとやかだ → (　　　　　　　　)

32、花むこは 幸せだ → (　　　　　　　　)

33、態度が 消極的だ → (　　　　　　　　)

34、体は じょうぶだ → (　　　　　　　　)

例② 解答

18、きものが はなやかだ → (はなやかな きもの)
19、朝は さわやかだ → (さわやかな 朝)
20、笑顔が 晴れやかだ → (晴れやかな 笑顔)
21、実りが 豊かだ → (豊かな 実り)
22、答が あいまいだ → (あいまいな 答)
23、日ざしが あたたかだ → (あたたかな 日ざし)
24、電車は 安心だ → (安心な 電車)
25、考えが いいかげんだ → (いいかげんな 考え)
26、やつは いんけんだ → (いんけんな やつ)
27、母は おおらかだ → (おおらかな 母)
28、川遊びは 危険だ → (危険な 川遊び)
29、祭りが きらびやかだ → (きらびやかな 祭り)
30、説明が ぐたいてきだ → (ぐたいてきな 説明)
31、花よめは しとやかだ → (しとやかな 花よめ)
32、花むこは 幸せだ → (幸せな 花むこ)
33、態度が 消極的だ → (消極的な 態度)
34、体は じょうぶだ → (じょうぶな 体)

例③　犬が　走っている　→　（走っている　犬）

35、お姉さんが　笑っている　→　（　　　　　　　　　　）

36、おじさんが　怒っている　→　（　　　　　　　　　　）

37、魚が　泳いでいる　→　（　　　　　　　　　　）

38、鳥が　飛んでいる　→　（　　　　　　　　　　）

39、虫が　鳴いている　→　（　　　　　　　　　　）

40、弟が　よろこんでいる　→　（　　　　　　　　　　）

41、家が　建っている　→　（　　　　　　　　　　）

42、音楽が　なっている　→　（　　　　　　　　　　）

43、テレビが　ついている　→　（　　　　　　　　　　）

44、観覧車（かんらんしゃ）が　回っている　→　（　　　　　　　　　　）

45、赤ちゃんが　眠っていた　→　（　　　　　　　　　　）

46、先生が　話していらっしゃる　→　（　　　　　　　　　　）

47、お父さんは　働いていた　→　（　　　　　　　　　　）

48、妹が　歩いた　→　（　　　　　　　　　　）

49、お金が　なくなっていた　→　（　　　　　　　　　　）

50、木が　倒（たお）れていた　→　（　　　　　　　　　　）

51、がけが　くずれていた　→　（　　　　　　　　　　）

例③　解答

35′　お姉さんが　笑っている→（笑っている　お姉さん）
36′　おじさんが　怒っている→（怒っている　おじさん）
37′　魚が　泳いでいる　　　→　（泳いでいる　魚　）
38′　鳥が　飛んでいる　　　→　（飛んでいる　鳥　）
39′　虫が　鳴いている　　　→　（鳴いている　虫　）
40′　弟が　よろこんでいる　→　（よろこんでいる　弟）
41′　家が　建っている　　　→　（建っている　家　）
42′　音楽が　なっている　　→　（なっている　音楽）
43′　テレビが　ついている　→　（ついている　テレビ）
44′　観覧車が　回っている　→　（回っている　観覧車）
45′　赤ちゃんが　眠っていた→（眠っていた　赤ちゃん）
46′　先生が話していらっしゃる→（話していらっしゃる　先生）
47′　お父さんは　働いていた→（働いていた　お父さん）
48′　妹が　歩いた　　　　　→　（　歩いた　妹　　）
49′　お金が　なくなっていた→（なくなっていた　お金）
50′　木が　倒れていた　　　→　（倒れていた　木　）
51′　がけが　くずれていた　→　（くずれていた　がけ）

例④ まぶしい 朝日 → (朝日が まぶしい)

52、あやしい 人かげ → (　　　　　　　)

53、はげしい 雨 → (　　　　　　　)

54、からい お味噌汁 → (　　　　　　　)

55、きたない ズボン → (　　　　　　　)

56、すっぱい レモン → (　　　　　　　)

57、正しい 答 → (　　　　　　　)

58、大きい 象 → (　　　　　　　)

59、まずしい 家 → (　　　　　　　)

60、恐ろしかった 夜道 → (　　　　　　　)

61、痛い 頭 → (　　　　　　　)

62、男らしい 太郎 → (　　　　　　　)

63、かたい おむすび → (　　　　　　　)

64、短い ひも → (　　　　　　　)

65、高い 山 → (　　　　　　　)

66、うるさかった 犬 → (　　　　　　　)

67、めんどうくさかった 掃除 → (　　　　　　　)

68、まちどおしい 誕生日 → (　　　　　　　)

例④　解答例（「は/が」はどちらも可）

52′　あやしい　人かげ　　　　→　（人かげがあやしい　）

53′　はげしい　雨　　　　　　→　（　雨がはげしい　　）

54′　からい　お味噌汁　　　　→　（お味噌汁がからい　）

55′　きたない　ズボン　　　　→　（ズボンがきたない　）

56′　すっぱい　レモン　　　　→　（レモンがすっぱい　）

57′　正しい　答　　　　　　　→　（　答が正しい　　　）

58′　大きい　象　　　　　　　→　（　象は大きい　　　）

59′　まずしい　家　　　　　　→　（　家がまずしい　　）

60′　恐ろしかった　夜道　　　→　（夜道が恐ろしかった）

61′　痛い　頭　　　　　　　　→　（　頭が痛い　　　　）

62′　男らしい　太郎　　　　　→　（太郎は男らしい　　）

63′　かたい　おむすび　　　　→　（おむすびがかたい　）

64′　短い　ひも　　　　　　　→　（ひもが短い　　　　）

65′　高い　山　　　　　　　　→　（山が高い　　　　　）

66′　うるさかった　犬　　　　→　（犬がうるさかった　）

67′　めんどうくさかった　掃除→（掃除がめんどうくさかった）

68′　まちどおしい　誕生日　→（誕生日がまちどおしい）

例⑤ すずやかな 木陰 → (木陰が すずやかだ)

69. せいけつな 服装 → (　　　　　　　　)

70. 積極的な 意志 → (　　　　　　　　)

71. 楽しみな 運動会 → (　　　　　　　　)

72. なごやかな 人々 → (　　　　　　　　)

73. のどかな お昼 → (　　　　　　　　)

74. はれやかな 七五三 → (　　　　　　　　)

75. 不幸な 男 → (　　　　　　　　)

76. 平和な 日々 → (　　　　　　　　)

77. みごとな 絵 → (　　　　　　　　)

78. 魅力的な 女性 → (　　　　　　　　)

79. めいわくな 大声 → (　　　　　　　　)

80. りっぱな 紳士 → (　　　　　　　　)

81. あざやかな 色づかい → (　　　　　　　　)

82. あやふやな 返事 → (　　　　　　　　)

83. 安全な その場所 → (　　　　　　　　)

84. いじわるな 女の子 → (　　　　　　　　)

85. いんしつな いたずら → (　　　　　　　　)

例⑤ 解答例(「は\が」は゛どちらも可)

69′ せいけつな 服装 → (服装が せいけつだ)

70′ 積極的な 意志 → (意志が 積極的だ)

71′ 楽しみな 運動会 → (運動会が 楽しみだ)

72′ なごやかな 人々 → (人々が なごやかだ)

73′ のどかな お昼 → (お昼が のどかだ)

74′ はれやかな 七五三 → (七五三が はれやかだ)

75′ 不幸な 男 → (男が 不幸だ)

76′ 平和な 日々 → (日々が 平和だ)

77′ みごとな 絵 → (絵が みごとだ)

78′ 魅力的な 女性 → (女性が 魅力的だ)

79′ めいわくな 大声 → (大声が めいわくだ)

80′ りっぱな 紳士 → (紳士が りっぱだ)

81′ あざやかな 色つかい → (色つかいが あざやかだ)

82′ あやふやな 返事 → (返事が あやふやだ)

83′ 安全な その場所 → (その場所は 安全だ)

84′ いじわるな 女の子 → (女の子が いじわるだ)

85′ いんしつな いたずら → (いたずらが いんしつだ)

例⑥ さわいでいる 生徒 → (生徒が さわいでいる)

86. どなっている 先生 → (　　　　　　　)
87. 輝（かがや）いている 太陽 → (　　　　　　　)
88. なびいている 草木 → (　　　　　　　)
89. 流れている 水 → (　　　　　　　)
90. はためいている 鯉（こい）のぼり → (　　　　　　　)
91. すましている 姉 → (　　　　　　　)
92. ふざけている 弟 → (　　　　　　　)
93. 歌っている 母 → (　　　　　　　)
94. 勉強している 兄 → (　　　　　　　)
95. ほえている ポチ → (　　　　　　　)
96. はしゃいでいた 妹 → (　　　　　　　)
97. 咲いていた 花 → (　　　　　　　)
98. くもっていた 空 → (　　　　　　　)
99. 待っていた 人 → (　　　　　　　)
100. 考えていた 父 → (　　　　　　　)
101. 座っていた 花子 → (　　　　　　　)

例⑥ 解答例(「は/が」はどちらも可)

86、どなっている 先生 → (先生が どなっている)
87、輝いている 太陽 → (太陽が 輝いている)
88、なびいている 草木 → (草木が なびいている)
89、流れている 水 → (水が 流れている)
90、はためいている 鯉のぼり → (鯉のぼりが はためいている)
91、すましている 姉 → (姉が すましている)
92、いじけている 弟 → (弟が いじけている)
93、歌っている 母 → (母が 歌っている)
94、勉強している 兄 → (兄が 勉強している)
95、ほえている ポチ → (ポチが ほえている)
96、はしゃいでいた 妹 → (妹が はしゃいでいた)
97、咲いていた 花 → (花が 咲いていた)
98、くもっていた 空 → (空が くもっていた)
99、待っていた 人 → (人が 待っていた)
100、考えていた 父 → (父が 考えていた)
101、座っていた 花子 → (花子が 座っていた)

確認テスト1、先の問題と同じように、並べかえて、文を書きかえなさい。

(　　　)点

1、魚が 新鮮だ　　　　　→　(　　　　　　　　　)
2、星が 光っていた　　　→　(　　　　　　　　　)
3、坂道が けわしい　　　→　(　　　　　　　　　)
4、おうような 態度　　　→　(　　　　　　　　　)
5、青ざめた 顔　　　　　→　(　　　　　　　　　)
6、よごれた くつ下　　　→　(　　　　　　　　　)
7、生徒が ぞうぞうしい　→　(　　　　　　　　　)
8、はかない 虫の命　　　→　(　　　　　　　　　)
9、便利な お店　　　　　→　(　　　　　　　　　)
10、ねこが 歩いている　　→　(　　　　　　　　　)

各十点

確認テスト1 解答例(「は\が」はどちらも可)

1、魚が 新鮮だ   → (新鮮な 魚)
2、星が 光っていた   → (光っていた 星)
3、坂道が けわしい   → (けわしい 坂道)
4、おうような 態度   → (態度が おうようだ)
5、青ざめた 顔   → (顔が 青ざめた)
6、よごれた くつ下   → (くつ下が よごれた)
7、生徒が そうぞうしい → (そうぞうしい 生徒)
8、はかない 虫の命   → (虫の命は はかない)
9、便利な お店   → (お店が 便利だ)
10、ねこが 歩いている → (歩いている ねこ)

各十点

二、例にならって、二文を一文に書きかえなさい。

例① 光が 明るい。 + それが さしこんでいる。
　　→（ 明るい 光が さしこんでいる ）

1、とうふが やわらかい。 + それが つぶれた。
　　→（　　　　　　　　　　　　　　　　　　）

2、女の人が やさしい。 + その人が 笑っている。
　　→（　　　　　　　　　　　　　　　　　　）

3、問題が むつかしい。 + それが 解けた。
　　→（　　　　　　　　　　　　　　　　　　）

4、お話が 短い。 + それを 聞いた。
　　→（　　　　　　　　　　　　　　　　　　）

5、太陽が まぶしい。 + それが 照っている。
　　→（　　　　　　　　　　　　　　　　　　）

6、ロープが 太い。 + それが ちぎれた。
　　→（　　　　　　　　　　　　　　　　　　）

7、事件が ひどい。 + それが 起こった。
　　→（　　　　　　　　　　　　　　　　　　）

8、雨が はげしかった。 + それが やんだ。
　　→（　　　　　　　　　　　　　　　　　　）

9、仕事が つらい。 + それを がんばる。
　　→（　　　　　　　　　　　　　　　　　　）

二´ 例① 解答例

1´ とうふが やわらかい。 + それが つぶれた。
   → (やわらかい とうふが つぶれた。)

2´ 女の人が やさしい。 + その人が 笑っている。
   → (やさしい 女の人が 笑っている。)

3´ 問題が むつかしい。 + それが 解けた。
   → (むつかしい 問題が 解けた。)

4´ お話が 短い。 + それを 聞いた。
   → (短い お話を 聞いた。)

5´ 太陽が まぶしい。 + それが 照っている。
   → (まぶしい 太陽が 照っている。)

6´ ロープが 太い。 + それが ちぎれた。
   → (太い ロープが ちぎれた。)

7´ 事件が ひどい。 + それが 起こった。
   → (ひどい 事件が 起こった。)

8´ 雨が はげしかった。 + それが やんだ。
   → (はげしかった 雨が やんだ。)

9´ 仕事が つらい。 + それを がんばる。
   → (つらい 仕事を がんばる。)

10、男の人が りっぱだ。 + その人が 歩いている。
→ (　　　　　　　　　　　　　　　　　　　　　)

11、道具が 便利だ。 + それを 使う。
→ (　　　　　　　　　　　　　　　　　　　　　)

12、出来事が 不幸だ。 + それを 乗りこえる。
→ (　　　　　　　　　　　　　　　　　　　　　)

13、問題が 複雑だ。 + それを 解決する。
→ (　　　　　　　　　　　　　　　　　　　　　)

14、町が にぎやかだ。 + そこを 歩く。
→ (　　　　　　　　　　　　　　　　　　　　　)

15、地図が 正確だ。 + それで 確認する。
→ (　　　　　　　　　　　　　　　　　　　　　)

16、人々が 親切だ。 + その人々に たのむ。
→ (　　　　　　　　　　　　　　　　　　　　　)

17、事故は 重大だ。 + それが 発生した。
→ (　　　　　　　　　　　　　　　　　　　　　)

18、森は 静かだ。 + そこへ でかけよう。
→ (　　　　　　　　　　　　　　　　　　　　　)

19、風が さわやかだ + それが ふいてきた。
→ (　　　　　　　　　　　　　　　　　　　　　)

解答例　続き

10、男の人が りっぱだ。 + その人が 歩いている。
　→（りっぱな 男の人が 歩いている。）

11、道具が 便利だ。 + それを 使う。
　→（便利な 道具を 使う。）

12、出来事が 不幸だ。 + それを 乗りこえる。
　→（不幸な 出来事を 乗りこえる。）

13、問題が 複雑だ。 + それを 解決する。
　→（複雑な 問題を 解決する。）

14、町が にぎやかだ。 + そこを 歩く。
　→（にぎやかな 町を 歩く。）

15、地図が 正確だ。 + それで 確認する。
　→（正確な 地図で 確認する。）

16、人々が 親切だ。 + その人々に たのむ。
　→（親切な 人々に たのむ。）

17、事件は 重大だ。 + それが 発生した。
　→（重大な 事故が 発生した。）

18、森は 静かだ。 + そこへ でかけよう。
　→（静かな 森へ でかけよう。）

19、風が さわやかだ。 + それが ふいてきた。
　→（さわやかな 風が ふいてきた。）

20、高台は 安全だ ＋ そこへ 避難しよう。
→（　　　　　　　　　　　　　　）

21、女の人が 笑っている。 ＋ それが 母だ。
→（　　　　　　　　　　　　　　）

22、犬が 眠っている。 ＋ それが ポチだ。
→（　　　　　　　　　　　　　　）

23、子供が 泣いている。 ＋ それが 妹だ。
→（　　　　　　　　　　　　　　）

24、自動車が 止まっている。 ＋ それが 家のだ。
→（　　　　　　　　　　　　　　）

25、箱が 置いてある。 ＋ それが プレゼントです。
→（　　　　　　　　　　　　　　）

26、馬が 走っている。 ＋ それは 野生です。
→（　　　　　　　　　　　　　　）

27、男の人が 勉強している。 ＋ それが 兄です。
→（　　　　　　　　　　　　　　）

28、魚が 泳いでいる。 ＋ それが メダカです。
→（　　　　　　　　　　　　　　）

29、花が 咲いている。 ＋ それが スミレです。
→（　　　　　　　　　　　　　　）

解答例　続き

20、高台は　安全だ。　＋　そこく　避難しよう。
　　→（　安全な　高台く　避難しよう。　）

21、女の人が　笑っている。　＋　それが　母だ。
　　→（　笑っている　女の人が　母だ。　）

22、犬が　眠っている。　＋　それが　ポチだ。
　　→（　眠っている　犬が　ポチだ。　）

23、子供が　泣いている。　＋　それが　妹だ。
　　→（　泣いている　子供が　妹だ。　）

24、自動車が　止まっている。　＋　それが　家のだ。
　　→（　止まっている　自動車が　家のだ。　）

25、箱が　置いてある。　＋　それが　プレゼントです。
　　→（　置いてある　箱が　プレゼントです。　）

26、馬が　走っている。　＋　それは　野生です。
　　→（　走っている　馬は　野生です。　）

27、男の人が　勉強している。　＋　それが　兄です。
　　→（　勉強している　男の人が　兄です。　）

28、魚が　泳いでいる。　＋　それが　メダカです。
　　→（　泳いでいる　魚が　メダカです。　）

29、花が　咲いている。　＋　それが　スミレです。
　　→（　咲いている　花が　スミレです。　）

確認テスト二、二文を一文に書きかえなさい。
（　　　）点

1、生徒たちが 話している。 ＋ それは 委員です。
　→（　　　　　　　　　　　　　　　　　　　）

2、先生が 怒っている。 ＋ それが 田中先生です。
　→（　　　　　　　　　　　　　　　　　　　）

3、沖縄(おきなわ)は あたたかい。 ＋ そこへ 行きたい。
　→（　　　　　　　　　　　　　　　　　　　）

4、虫が 飛んでいる。 ＋ それが みつばちです。
　→（　　　　　　　　　　　　　　　　　　　）

5、公園が 広い。 ＋ そこで 遊ぼう。
　→（　　　　　　　　　　　　　　　　　　　）

6、男の人が 立っている。 ＋ それが 父です。
　→（　　　　　　　　　　　　　　　　　　　）

7、本が おいてある。 ＋ それが 私のです。
　→（　　　　　　　　　　　　　　　　　　　）

8、建物が 作られている。 ＋ それが 公民館です。
　→（　　　　　　　　　　　　　　　　　　　）

9、花が 咲いている。 ＋ それが 桜です。
　→（　　　　　　　　　　　　　　　　　　　）

10、町が 美しい。 ＋ それが じまんです。
　→（　　　　　　　　　　　　　　　　　　　）

各十点

確認テスト1 解答例

1. 生徒たちが 話している。 + それは委員です。
 → (話している 生徒たちは 委員です。)

2. 先生が 怒っている。 + それが 田中先生です。
 → (怒っている 先生は 田中先生です。)

3. 沖縄は あたたかい。 + そこへ 行きたい。
 → (あたたかい 沖縄へ 行きたい。)

4. 虫が 飛んでいる。 + それが みつばちです。
 → (飛んでいる 虫が みつばちです。)

5. 公園が 広い。 + そこで 遊ぼう。
 → (広い 公園で 遊ぼう。)

6. 男の人が 立っている。 + それが 父です。
 → (立っている 男の人が 父です。)

7. 本が おいてある。 + それが 私のです。
 → (おいてある 本が 私のです。)

8. 建物が 作られている。 + それが 公民館です。
 → (作られている 建物が 公民館です。)

9. 花が 咲いている。 + それが 桜です。
 → (咲いている 花が 桜です。)

10. 町が 美しい。 + それが じまんです。
 → (美しい 町が じまんです。)

各十点

三、例にならって、（　）にあてはまるように言葉を書き入れて、できるだけ意味を変えないように、文を書きかえなさい。

例① お茶の 匂いが 香ばしい。
→（ 香ばしい ）（ 匂いの ）（ お茶 ）。
→（ お茶の ）（ 香ばしい ）（ 匂い ）。

1、花の 香りが 甘い。
→（　　　　）（　　　　　　）（ 花 ）。
→（　　　　）（　　　　　　）（ 香り ）。

2、父の 頭は 白髪だ。
→（　　　　）（　　　　　　）（ 父 ）。
→（　　　　）（　　　　　　）（ 頭 ）。

3、私は かもめを 見た。
→（　　　　）（　　　　　　）（ かもめ ）。
→（　　　　）（　　　　　　）（ 私 ）。

4、妹は 遠足に 行った。
→（　　　　）（　　　　　　）（ 遠足 ）。
→（　　　　）（　　　　　　）（ 妹 ）。

5、飛ぶ 鳥が 気持ちよさそうだ。
→（　　　　）（　　　　　　）（ 鳥 ）。
→（　　　　）（　　　　　　）（ 飛ぶ ）。

6、白い 雲が うかんでいる。
→（　　　　）（　　　　　　）（ 雲 ）。
→（　　　　）（　　　　　　）（ 白い ）。

三、例① 解答例

1 → (香りが) (甘い) (花)。
　→ (甘いが) (香りの) (花)。
　→ (花の) (甘い) (香り)。
　→ (甘い) (花の) (香り)。

2 → (頭が) (白髪の) (父)。
　→ (白髪の) (頭の) (父)。
　→ (父の) (白髪の) (頭)。
　→ (白髪の) (父の) (頭)。

3 → (私が) (見た) (かもめ)。
　→ (かもめを) (見た) (私)。

4 → (妹が) (行った) (遠足)。
　→ (遠足に) (行った) (妹)。

5 → (気持ちよさそうに) (飛ぶ) (鳥)。
　→ (飛ぶ) (気持ちよさそうな) (鳥)。
　→ (気持ちよさそうに) (鳥が) (飛ぶ)。
　→ (鳥が) (気持ちよさそうに) (飛ぶ)。

6 → (うかんでいる) (白い) (雲)。
　→ (白く) (うかんでいる) (雲)。
　→ (うかんでいる) (雲が) (白い)。

7、私の 髪は 長い。
→ (　　　　　) (　　　　　　　) (髪私)。
→ (　　　　　) (　　　　　　　) (髪)。

8、父は 自動車を 持っている。
→ (　　　　　) (　　　　　　　) (父)。
→ (　　　　　) (　　　　　　　) (自動車)。

9、ぼくは ラーメンが 食べたい。
→ (　　　　　) (　　　　　　　) (ぼく)。
→ (　　　　　) (　　　　　　　) (ラーメン)。

10、さわやかな 朝が 大好きだ。
→ (　　　　　) (　　　　　　　) (朝)。
→ (　　　　　) (　　　　　　　) (さわやかだ)。

11、日本一の 富士山に 登りたい。
→ (　　　　　) (　　　　　　　) (富士山)。
→ (　　　　　) (　　　　　　　) (日本一だ)。

12、新芽が 元気に 出た。
→ (　　　　　) (　　　　　　　) (新芽)。
→ (　　　　　) (　　　　　　　) (元気だ)。

13、兄は この本を 読んだ。
→ (　　　　　) (　　　　　　　) (この本)。
→ (　　　　　) (　　　　　　　) (兄)。

文の書きかえ特訓　甲

解答例 続き

7 → (髪が) (長い) (私)。
　→ (長い) (髪の) (私)。
　→ (私の) (長い) (髪)。
　→ (長い) (私の) (髪)。

8 → (自動車を) (持っている) (父)。
　→ (父が) (持っている) (自動車)。

9 → (ラーメンが) (食べたい) (ぼく)。
　→ (ぼくが) (食べたい) (ラーメン)。

10 → (大好きな) (さわやかな) (朝)。
　→ (さわやかな) (大好きな) (朝)。
　→ (大好きな) (朝は) (さわやかだ)。

11 → (登りたい) (日本一の) (富士山)。
　→ (日本一の) (登りたい) (富士山)。
　→ (登りたい) (富士山は) (日本一だ)。

12 → (元気に) (出た) (新芽)。
　→ (出た) (元気な) (新芽)。
　→ (出た) (新芽は) (元気だ)。

13 → (兄が) (読んだ) (この本)。
　→ (この本を) (読んだ) (兄)。

14、夕日の 色が 真っ赤だ。
→ (　　　　　) (　　　　　　) (色 夕日)。
→ (　　　　　) (　　　　　　) (色 夕日)。

15、姉が 詩を 書いた。
→ (　　　　　) (　　　　　　) (詩 姉)。
→ (　　　　　) (　　　　　　) (詩)。

16、ポチが 犬小屋で 眠っている。
→ (　　　　　) (　　　　　　) (ポチ)。
→ (　　　　　) (　　　　　　) (犬小屋)。

17、母は スカートを 買った。
→ (　　　　　) (　　　　　　) (母)。
→ (　　　　　) (　　　　　　) (スカート)。

18、バスが 停留所（ていりゅうじょ）で 止まった。
→ (　　　　　) (　　　　　　) (バス)。
→ (　　　　　) (　　　　　　) (停留所)。

19、強い 風が ふいてきた。
→ (　　　　　) (　　　　　　) (風)。
→ (　　　　　) (　　　　　　) (強い)。

20、子供が 元気に 遊んでいる。
→ (　　　　　) (　　　　　　) (子供)。
→ (　　　　　) (　　　　　　) (元気だ)。

解答例 続き

14 → (真っ赤な) (色の) (夕日)。
 → (色が) (真っ赤な) (夕日)。
 → (夕日の) (真っ赤な) (色)。
 → (真っ赤な) (夕日の) (色)。

15 → (詩を) (書いた) (姉)。
 → (姉が) (書いた) (詩)。

16 → (犬小屋で) (眠っている) (ポチ)。
 → (ポチが) (眠っている) (犬小屋)。
 → (眠っている) (ポチの) (犬小屋)。

17 → (スカートを) (買った) (母)。
 → (母の) (買った) (スカート)。

18 → (停留所で) (止まった) (バス)。
 → (バスが) (止まった) (停留所)。

19 → (ふいてきた) (強い) (風)。
 → (強く) (ふいてきた) (風)。
 → (ふいてきた) (風が) (強い)。

20 → (元気に) (遊んでいる) (子供)。
 → (遊んでいる) (元気な) (子供)。
 → (遊んでいる) (子供が) (元気だ)。

21、楽しい 歌を 口ずさんでいる。
→（　　　　　）（　　　　　）（歌　　　）。
→（　　　　　）（　　　　　）（楽しい　　）。

22、空を 飛ぶ 鳥が 気持ちよさそうだ。
→（　　　）（　　　　）（　　　　）（鳥　　）。
→（　　　）（　　　　）（　　　　）（空　　）。
→（　　　）（　　　　）（　　　　）（飛ぶ　）。

23、秋に 昇る 満月は すばらしい。
→（　　　）（　　　　）（　　　　）（秋　　）。
→（　　　）（　　　　）（　　　　）（昇る　）。
→（　　　）（　　　　）（　　　　）（満月　）。

24、墨で 描く 絵も 美しい。
→（　　　）（　　　　）（　　　　）（墨　　）。
→（　　　）（　　　　）（　　　　）（描く　）。
→（　　　）（　　　　）（　　　　）（絵　　）。

25、太郎は 自転車で 池に はまった。
→（　　　）（　　　　）（　　　　）（太郎　）。
→（　　　）（　　　　）（　　　　）（池 自転車）。
→（　　　）（　　　　）（　　　　）（池　　）。

解答例　続き　　　　　　（解答例　他多数あり）

21 →（口ずさんでいる）（楽しい）（歌）。
　→（楽しく）（口ずさんでいる）（歌）。
　→（口ずさんでいる）（歌は）（楽しい）。

22 →（気持ちよさそうに）（空を）（飛ぶ）（鳥）。
　→（空を）（飛ぶ）（気持ちよさそうな）（鳥）。
　→（鳥が）（気持ちよさそうに）（飛ぶ）（空）。
　→（飛ぶ）（鳥が）（気持ちよさそうな）（空）。
　→（気持ちよさそうに）（鳥が）（空を）（飛ぶ）。

23 →（すばらしい）（満月の）（昇る）（秋）。
　→（秋に）（すばらしい）（満月が）（昇る）。
　→（すばらしい）（満月が）（秋に）（昇る）。
　→（秋に）（昇る）（すばらしい）（満月）。

24 →（美しい）（絵を）（描く）（墨）。
　→（墨で）（美しい）（絵を）（描く）。
　→（美しい）（絵を）（墨で）（描く）。
　→（墨で）（描く）（美しい）（絵）。

25 →（池に）（自転車で）（はまった）（太郎）。
　→（自転車で）（池に）（はまった）（太郎）。
　→（太郎が）（池に）（はまった）（自転車）。
　→（池に）（はまった）（太郎の）（自転車）。
　→（太郎が）（自転車で）（はまった）（池）。
　→（自転車で）（太郎が）（はまった）（池）。

文の書きかえ特訓　甲

確認テスト三、できるだけ意味を変えないように、（　）にあてはまるように言葉を書き入れて、文を書きかえなさい。

（　　　）点

1、生徒が　熱心に　絵をかいている。
→（　　　　）（　　　　　　）（　生徒　　　）。
→（　　　　）（　　　　　　）（　熱心だ　　）。

2、明るい　景色が　広がっている。
→（　　　　）（　　　　　　）（　景色　　　）。
→（　　　　）（　　　　　　）（　明るい　　）。

3、黄色い　ひまわりが　丘に　咲いている。
→（　　　）（　　　　）（　　　　　）（　黄色い　）。
→（　　　）（　　　　）（　　　　　）（ひまわり）。
→（　　　）（　　　　）（　　　　　）（　丘　　）。

4、はなやかな　祭りが　今日　行われている。
→（　　　）（　　　　）（　　　　　）（　祭り　）。
→（　　　）（　　　　）（　　　　　）（はなやかだ）。
→（　　　）（　　　　）（　　　　　）（　今日　）。

完答各十点

確認テスト三 解答例

1、生徒が 熱心に 絵をかいている。
→(熱心に)(絵をかいている)(生徒)。
→(絵をかいている)(熱心な)(生徒)。
→(絵をかいている)(生徒は)(熱心だ)。

2、明るい 景色が 広がっている。
→(広がっている)(明るい)(景色)。
→(明るく)(広がっている)(景色)。
→(広がっている)(景色が)(明るい)。
→(景色が)(広がっていて)(明るい)。

3、黄色い ひまわりが 丘に 咲いている。
→(丘に)(咲いている)(ひまわりが)(黄色い)。
→(丘に)(咲いている)(黄色い)(ひまわり)。
→(丘に)(黄色く)(咲いている)(ひまわり)。
→(黄色い)(ひまわりの)(咲いている)(丘)。

4、はなやかな 祭りが 今日 行われている。
→(今日)(行われている)(はなやかな)(祭り)。
→(今日)(行われている)(祭りは)(はなやかだ)。
→(はなやかな)(祭りの)(行われている)(今日)。

完答各十点

四、例にならって、「‥‥こと。」という形に書き直しなさい。

例、私は公園を散歩していました。
→ (私が公園を散歩していたこと。)

1、鈴木教授はビタミンを発見した。
→ (   )

2、卑弥呼は三十余りの国を従えていた。
→ (   )

3、推古天皇は聖徳太子のおばさんだ。
→ (   )

4、信濃川は日本一長い。
→ (   )

5、植物は光合成で酸素をつくる。
→ (   )

6、読書は最も良い勉強だ。
→ (   )

7、良く遊び、良く学ぶ。
→ (   )

8、少年よ、大志をいだけ。
→ (   )

9、花子さん。先生がお呼びですよ。
→ (   )

四′解答例

1′鈴木教授はビタミンを発見した。
→（　鈴木教授**が**ビタミンを発見した**こと**。　）

2′卑弥呼は三十余りの国を従えていた。
→（　卑弥呼**が**三十余りの国を従えていた**こと**。　）

3′推古天皇は聖徳太子のおばさんだ。
→（　推古天皇**が**聖徳太子のおばさんである**こと**。　）

4′信濃川は日本一長い。
→（　信濃川**が**日本一長い**こと**。　）

5′植物は光合成で酸素をつくる。
→（　植物**が**光合成で酸素をつくる**こと**。　）

6′読書は最も良い勉強だ。
→（　読書**が**最も良い勉強だという**こと**。　）

7′良く遊び、良く学ぶ。
→（　良く遊び、良く学ぶという**こと**。　）
→（　良く遊び、良く学ぶ**べきだ**という**こと**。　）

8′少年よ、大志をいだけ。
→（　少年**が**大志をいだ**かなければならない こと**。　）
→（　少年**は**大志をいだ**くべきだ**という**こと**。　）

9′花子さん。先生がお呼びですよ。
→（　花子さん**を**先生がお呼び**である こと**。　）
→（　先生**が**花子さんを呼んでいる**こと**。　）

10、やっと、妹が帰ってきた。
→（　　　　　　　　　　　　　　　　　）

11、重さをきちんとはかりましょう。
→（　　　　　　　　　　　　　　　　　）

12、テレビは、目を悪くするよ。
→（　　　　　　　　　　　　　　　　　）

13、このおまんじゅう、おいしいね。
→（　　　　　　　　　　　　　　　　　）

14、田中さん、電話がかかっていますよ。
→（　　　　　　　　　　　　　　　　　）

15、よし、決心した。明日から早起きするぞ。
→（　　　　　　　　　　　　　　　　　）

16、信長は夜明け前、一人で馬を走らせました。
→（　　　　　　　　　　　　　　　　　）

17、字をていねいに書きなさい。
→（　　　　　　　　　　　　　　　　　）

18、明日、いっしょに買い物に行きましょう。
→（　　　　　　　　　　　　　　　　　）

19、「やっぱりしなければよかった」ケンタは後悔した。
→（　　　　　　　　　　　　　　　　　）

解答例　続き

10 → （　やっと妹が帰ってきたこと。　）
11 → （　重さをきちんとはかること。　）
　 → （　重さをきちんとはからなければならないこと。　）
12 → （　テレビが目を悪くするということ。　）
13 → （　このおまんじゅうがおいしいこと。　）
14 → （　田中さんに電話がかかっていること。　）
15 → （　明日から早起きする決心をしたこと。　）
16 → （　信長が夜明け前に一人で馬を走らせたこと。　）
17 → （　字をていねいに書くこと。　）
　 → （　字をていねいに書かなければならないこと。　）
18 → （　明日、いっしょに買い物に行くこと。　）
　 → （　明日いっしょに買い物に行こう、とさそわれたこと。　）
19 → （　「やっぱりしなければよかった」と、ケンタが後悔したこと。　）

確認テスト四 「・・・こと。」という形に、文を書き直しなさい。（　　　）点

1、私はプールで泳いでいました。
→（　　　　　　　　　　　　　　　　　）

2、夏の日ざしはきびしい。
→（　　　　　　　　　　　　　　　　　）

3、弟は楽しそうに遊んでいました。
→（　　　　　　　　　　　　　　　　　）

4、そろそろ、日が暮れそうだ。
→（　　　　　　　　　　　　　　　　　）

5、「さあ、やるぞ」ぼくは気合いを入れた。
→（　　　　　　　　　　　　　　　　　）

6、国語の勉強はとても大切だ。
→（　　　　　　　　　　　　　　　　　）

7、ぼくは予定を変更しました。
→（　　　　　　　　　　　　　　　　　）

8、毎日続けるのは、かなり大変ですね。
→（　　　　　　　　　　　　　　　　　）

9、枯れ葉は、音もなく散ってゆきます。
→（　　　　　　　　　　　　　　　　　）

10、「おーい」誰かが呼んでいる声が聞こえました。
→（　　　　　　　　　　　　　　　　　）

各十点

確認テスト四 解答例

1．私はプールで泳いでいました。
→（ 私がプールで泳いでいたこと。 ）

2．夏の日ざしはきびしい。
→（ 夏の日ざしがきびしいこと。 ）

3．弟は楽しそうに遊んでいました。
→（ 弟が楽しそうに遊んでいたこと。 ）

4．そろそろ、日が暮れそうだ。
→（ そろそろ、日が暮れそうだということ。 ）
→（ そろそろ、日が暮れそうな様子であること。 ）

5．「さあ、やるぞ」ぼくは気合いを入れた。
→（「さあ、やるぞ」とぼくが気合いを入れたこと。）

6．国語の勉強はとても大切だ。
→（ 国語の勉強がとても大切だということ。 ）

7．ぼくは予定を変更しました。
→（ ぼくが予定を変更したこと。 ）

8．毎日続けるのは、かなり大変ですね。
→（ 毎日続けるのが、かなり大変だということ。 ）

9．枯れ葉は、音もなく散ってゆきます。
→（ 枯れ葉が音もなく散ってゆくこと。 ）

10．「おーい」誰かが呼んでいる声が聞こえました。
→（「おーい」と誰かが呼んでいる声が聞こえたこと。 ）

五、例にならって、意味を変えないように、形を書き直しなさい。（受身の「れる・られる」は使わない。）

例、とびらを閉める。
→（　とびらが　閉まる　〈「閉められる」はここでは×〉）

1、窓を開ける。
→（　窓が　　　　　　　　　　　　　　　　　　　）

2、花が散る。
→（　花を　　　　　　　　　　　　　　　　　　　）

3、胸がいたむ。
→（　胸を　　　　　　　　　　　　　　　　　　　）

4、碁石(ごいし)を並べる。
→（　碁石が　　　　　　　　　　　　　　　　　　）

5、お湯をわかす。
→（　お湯が　　　　　　　　　　　　　　　　　　）

6、花子が負けた。
→（　花子を　　　　　　　　　　　　　　　　　　）

7、ガラスを割る。
→（　ガラスが　　　　　　　　　　　　　　　　　）

8、荷物がとどく。
→（　荷物を　　　　　　　　　　　　　　　　　　）

9、火を消す。
→（　火が　　　　　　　　　　　　　　　　　　　）

五、解答

1、窓を開ける。
→ （ 窓が開く。 ）

2、花が散る。
→ （ 花を散らす。 ）

3、胸がいたむ。
→ （ 胸をいためる。 ）

4、碁石を並べる。
→ （ 碁石が並ぶ。 ）

5、お湯をわかす。
→ （ お湯がわく。 ）

6、花子が負けた。
→ （ 花子を負かした。 ）

7、ガラスを割る。
→ （ ガラスが割れる。 ）

8、荷物がとどく。
→ （ 荷物をとどける。 ）

9、火を消す。
→ （ 火が消える。 ）

10、船が沈む。
 →（ 船を   ）

11、枝を折る。
 →（ 枝が   ）

12、気持ちが変わった。
 →（ 気持ちを   ）

13、目が覚めた。
 →（ 目を   ）

14、ご飯を残した。
 →（ ご飯が   ）

15、宝くじが当った。
 →（ 宝くじを   ）

16、海を見た。
 →（ 海が   ）

17、自転車がこわれた。
 →（ 自転車を   ）

18、木の実が落ちた。
 →（ 木の実を   ）

19、世の中を乱した。
 →（ 世の中が   ）

解答　続き

10、船が沈む。
　→（船を沈める。　　　　　　　　　）

11、枝を折る。
　→（枝が折れる。　　　　　　　　　）

12、気持ちが変わった。
　→（気持ちを変えた。　　　　　　　）

13、目が覚めた。
　→（目を覚ました。　　　　　　　　）

14、ご飯を残した。
　→（ご飯が残った。　　　　　　　　）

15、宝くじが当った。
　→（宝くじを当てた。　　　　　　　）

16、海を見た。
　→（海が見えた。　　　　　　　　　）

17、自転車がこわれた。
　→（自転車をこわした。　　　　　　）

18、木の実が落ちた。
　→（木の実を落とした。　　　　　　）

19、世の中を乱した。
　→（世の中が乱れた。　　　　　　　）

20、勉強を進めた。
→（勉強が　　　　　　　　　　）

21、人が集まった。
→（人を　　　　　　　　　　　）

22、妹を起こした。
→（妹が　　　　　　　　　　　）

23、家が建った。
→（家を　　　　　　　　　　　）

24、山がくずれた。
→（山を　　　　　　　　　　　）

25、くわがたをとった。
→（くわがたが　　　　　　　　）

26、光を照らした。
→（光が　　　　　　　　　　　）

27、魚がつれた。
→（魚を　　　　　　　　　　　）

28、ボールを後ろにそらした。
→（ボールが後ろに　　　　　　）

29、穴から水がもれた。
→（穴から水を　　　　　　　　）

解答例　続き

20、勉強を進めた。
　→（勉強が進んだ。　　　　　　　　　　　　　）

21、人が集まった。
　→（人を集めた。　　　　　　　　　　　　　　）

22、妹を起こした。
　→（妹が起きた。　　　　　　　　　　　　　　）

23、家が建った。
　→（家を建てた。　　　　　　　　　　　　　　）

24、山がくずれた。
　→（山をくずした。　　　　　　　　　　　　　）

25、くわがたをとった。
　→（くわがたがとれた。　　　　　　　　　　　）

26、光を照らした
　→（光が照った。　　　　　　　　　　　　　　）

27、魚がつれた。
　→（魚をつった。　　　　　　　　　　　　　　）

28、ボールを後ろにそらした。
　→（ボールが後ろにそれた。　　　　　　　　　）

29、穴から水がもれた。
　→（穴から水をもらした。　　　　　　　　　　）

確認テスト五、意味を変えないように、(　　)の言葉に合うように形を書き直しなさい。(　　　)点

1、こまをまわした。
　→（こまが　　　　　　　　　　　　　　）

2、氷が溶けた。
　→（氷を　　　　　　　　　　　　　　　）

3、布を二つに裂いた。
　→（布が二つに　　　　　　　　　　　　）

4、棒が地面につける。
　→（棒を地面に　　　　　　　　　　　　）

5、魚を焼いた。
　→（魚が　　　　　　　　　　　　　　　）

6、明かりがついた。
　→（明かりを　　　　　　　　　　　　　）

7、りんごの皮をむく。
　→（りんごの皮が　　　　　　　　　　　）

8、お湯がさめた。
　→（お湯を　　　　　　　　　　　　　　）

9、布を赤くそめる。
　→（布が赤く　　　　　　　　　　　　　）

10、プールに水がたまった。
　→（プールに水を　　　　　　　　　　　）

各十点

文の書きかえ特訓　甲

確認テスト五・解答

1. こよりをよった。
   → (こよりが よれた。)

2. 氷が溶けた。
   → (氷を 溶かした。)

3. 布を二つに裂いた。
   → (布が二つに 裂けた。)

4. 棒が地面にこげる。
   → (棒を地面に こがす。)

5. 魚を焼いた。
   → (魚が 焼けた。)

6. 明かりがついた。
   → (明かりを つけた。)

7. りんごの皮をむく。
   → (りんごの皮が むける。)

8. お湯がさめた。
   → (お湯を さました。)

9. 布を赤くそめる。
   → (布が赤く そまる。)

10. プールに水がたまった。
    → (プールに水を ためた。)

各十点

六、例にならって、意味を変えないように、受身の形に書き直しなさい。

例、ぼくは焼きそばを食べた。
　→（焼きそばは　ぼくに食べられた。　　　　　　　　　　）

1、弟がかぶと虫をつかまえた。
　→（かぶと虫は　　　　　　　　　　　　　　　　　　　）

2、太郎が次郎をなぐった。
　→（次郎は　　　　　　　　　　　　　　　　　　　　　）

3、私は妹を見た。
　→（妹は　　　　　　　　　　　　　　　　　　　　　　）

4、どろぼうが財布を盗んだ。
　→（財布は　　　　　　　　　　　　　　　　　　　　　）

5、父が写真をとった。
　→（写真は　　　　　　　　　　　　　　　　　　　　　）

6、母は海を描いた。
　→（海は　　　　　　　　　　　　　　　　　　　　　　）

7、ぼくが部屋を汚した。
　→（部屋は　　　　　　　　　　　　　　　　　　　　　）

8、私はみんなの声を録音した。
　→（みんなの声は　　　　　　　　　　　　　　　　　　）

9、老人は昔話を語った。
　→（昔話は　　　　　　　　　　　　　　　　　　　　　）

六、解答例

1、弟がかぶと虫をつかまえた。
→ （ かぶと虫は 弟に つかまえられた。 ）

2、太郎が次郎をなぐった。
→ （ 次郎は 太郎に なぐられた。 ）

3、私は妹を見た。
→ （ 妹は 私に 見られた。 ）

4、どろぼうが財布を盗んだ。
→ （ 財布は どろぼうに 盗まれた。 ）

5、父が写真をとった。
→ （ 写真は 父に とられた。 ）

6、母は海を描いた。
→ （ 海は 母に 描かれた。 ）

7、ぼくが部屋を汚した。
→ （ 部屋は ぼくに 汚された。 ）

8、私はみんなの声を録音した。
→ （ みんなの声は 私に 録音された。 ）

9、老人は昔話を語った。
→ （ 昔話は 老人に 語られた。 ）

10、ケンジはボールをけった。
→（ボールは   ）

11、シオはユウヤを笑った。
→（ユウヤは   ）

12、ケーキを二つに分けた。
→（ケーキは   ）

13、私は子犬をかった。
→（子犬は   ）

14、子犬は私になついた。
→（私は   ）

15、ユキコはマリコをからかった。
→（マリコは   ）

16、隊員は人々を助けた。
→（人々は   ）

17、花びんを玄関においた。
→（花びんは   ）

18、光が町を照らした。
→（町は   ）

19、部屋をかたづけた。
→（部屋は   ）

解答例　続き

10、ケンジはボールをけった。
→（　ボールは　ケンジに　けられた。　）

11、トシオはユウヤを笑った。
→（　ユウヤは　トシオに　笑われた。　）

12、ケーキを二つに分けた。
→（　ケーキは　二つに　分けられた。　）

13、私は子犬をさわった。
→（　子犬は　私にさわられた。　）

14、子犬は私になついた。
→（　私は　子犬になつかれた。　）

15、ユキコはマリコをからかった。
→（　マリコは　ユキコにからかわれた。　）

16、隊員は人々を助けた。
→（　人々は　隊員に助けられた。　）

17、花びんを玄関においた。
→（　花びんは　玄関におかれた。　）

18、光が町を照らした。
→（　町は　光で照らされた。　）

19、部屋をかたづけた。
→（　部屋は　かたづけられた。　）

20、父は家具を修理した。
→（　家具は　　　　　　　　　　　　　　　　　）

21、犯人は人質をおどした。
→（　人質は　　　　　　　　　　　　　　　　　）

22、道にかんばんを立てた。
→（　かんばんは　　　　　　　　　　　　　　　）

23、母はケーキを作った。
→（　ケーキは　　　　　　　　　　　　　　　　）

24、先生はぼくをみとめた。
→（　ぼくは　　　　　　　　　　　　　　　　　）

25、ニュースをビデオに録画した。
→（　ニュースは　　　　　　　　　　　　　　　）

26、ゴミを捨てた。
→（　ゴミは　　　　　　　　　　　　　　　　　）

27、父は私をしかった。
→（　私は　　　　　　　　　　　　　　　　　　）

28、ぼくは魚にえさを与えた。
→（　魚は　　　　　　　　　　　　　　　　　　）
→（　えさは　　　　　　　　　　　　　　　　　）

29、私は友だちに花を送った。
→（　友だちは　　　　　　　　　　　　　　　　）
→（　花は　　　　　　　　　　　　　　　　　　）

20、父は家具を修理した。
　→（　家具は　父に修理された。　）

21、犯人は人質をおどした。
　→（　人質は　犯人におどされた。　）

22、道にかんばんを立てた。
　→（　かんばんは　道に立てられた。　）

23、母はケーキを作った。
　→（　ケーキは　母に作られた。　）

24、先生はぼくをみとめた。
　→（　ぼくは　先生にみとめられた。　）

25、ニュースをビデオに録画した。
　→（　ニュースは　ビデオに録画された。　）

26、ゴミを捨てた。
　→（　ゴミは　捨てられた。　）

27、父は私をしかった。
　→（　私は　父にしかられた。　）

28、ぼくは魚にえさを与えた。
　→（　魚は　ぼくにえさを与えられた。　）
　→（　えさは　ぼくによって魚に与えられた。　）

29、私は友だちに花を送った。
　→（　友だちは　私に花を送られた。　）
　→（　花は　私によって友だちに送られた。　）

確認テスト　意味を変えないように、受身の形に書き直しなさい。　　　　　　　　　　　　（　　　）点

1、ナイフでえんぴつをけずった。
→（　えんぴつはナイフで　　　　　　　　　　　　　　）

2、外国人が私に話しかけた。
→（　私は　　　　　　　　　　　　　　　　　　　　）

3、母はぼくを起こした。
→（　ぼくは　　　　　　　　　　　　　　　　　　　）

4、太郎はとびらをこわした。
→（　とびらは　　　　　　　　　　　　　　　　　　）

5、釘をぬいた。
→（　釘は　　　　　　　　　　　　　　　　　　　　）

6、父は家を建てた。
→（　家は　　　　　　　　　　　　　　　　　　　　）

7、針と糸でぞうきんをぬった。
→（　ぞうきんは針と糸で　　　　　　　　　　　　　）

8、美しい風景を描いた。
→（　美しい風景は　　　　　　　　　　　　　　　　）

9、たくさんの人々が新聞を読んでいる。
→（　新聞は　　　　　　　　　　　　　　　　　　　）

10、生徒が先生を訪問した。
→（　先生は　　　　　　　　　　　　　　　　　　　）

各十点

確認テスト六 解答例

1. ナイフでえんぴつをけずった。
   →（ えんぴつは ナイフで けずられた。 ）

2. 外国人が私に話しかけた。
   →（ 私は 外国人に 話しかけられた。 ）

3. 母はぼくを起こした。
   →（ ぼくは 母に 起こされた。 ）

4. 太郎はとびらをこわした。
   →（ とびらは 太郎に こわされた。 ）

5. 釘をぬいた。
   →（ 釘は ぬかれた。 ）

6. 父は家を建てた。
   →（ 家は 父に 建てられた。 ）

7. 針と糸でぞうきんをぬった。
   →（ ぞうきんは 針と糸で ぬわれた。 ）

8. 美しい風景を描いた。
   →（ 美しい風景は 描かれた。 ）

9. たくさんの人々が新聞を読んでいる。
   →（ 新聞は たくさんの人々に 読まれている。 ）

10. 生徒が先生を訪問した。
    →（ 先生は 生徒に 訪問された。 ）

各十点